❷ 하늘 농장

초판 발행 • 2020년 4월 2일
초판 6쇄 발행 • 2022년 12월 26일

글 • 홍지연
그림 • 지문
발행인 • 이종원
발행처 • (주)도서출판 길벗
출판사 등록일 • 1990년 12월 24일
주소 • 서울시 마포구 월드컵로 10길 56(서교동)
대표 전화 • 02)332-0931 | 팩스 • 02)323-0586
홈페이지 • www.gilbut.co.kr | 이메일 • gilbut@gilbut.co.kr

기획 및 책임편집 • 김윤지(yunjikim@gilbut.co.kr) | 디자인 • 여동일 | 제작 • 이준호, 손일순, 이진혁
영업마케팅 • 진창섭, 강요한 | 웹마케팅 • 송예슬 | 영업관리 • 김명자 | 독자지원 • 윤정아, 최희창

교정교열 • 김혜영 | 출력·인쇄 예림인쇄 | 제본 • 예림바인딩

▶ 잘못된 책은 구입한 서점에서 바꿔 드립니다.
▶ 이 책은 저작권법에 따라 보호받는 저작물이므로 무단전재와 무단복제를 금합니다. 이 책의 전부 또는 일부를 이용하려면 반드시 사전에 저작권자와 ㈜도서출판 길벗의 서면 동의를 받아야 합니다.
▶ 이 도서의 국립중앙도서관 출판예정도서목록(CIP)은 서지정보유통지원시스템(http://seoji.nl.go.kr)과 국가자료종합목록 구축시스템(http://kolis-net.nl.go.kr)에서 이용하실 수 있습니다.(CIP제어번호: CIP2020010566)

ISBN 979-11-6521-100-4 74500 (길벗 도서번호 080206)
ISBN 979-11-6050-943-4 74500(세트)

ⓒ 홍지연, 지문, 2020

정가 12,000원

독자의 1초를 아껴주는 정성 길벗출판사

길벗 IT단행본, IT교육서, 교양&실용서, 경제경영서
길벗스쿨 어린이학습, 어린이어학

② 하늘 농장

글 **홍지연** / 그림 **지문**

차례

1장 주니 & 거니의 하늘 농장 — 007

2장 그땐 그랬지 — 019

3장 구름 폭탄 해체 대소동 — 033

4장 태양을 피하는 방법 — 047

5장 어디든 뿌려! 스프링클러! — 063

6장 액괴 놀이방이 통통통! — 083

7장 우르르 쾅쾅! — 101

8장 날아라! 펭귄 — 119

9장 반짝반짝 반딧불이 — 137

10장 하늘 배 수송 대작전 — 151

11장 최후의 공격 — 173

12장 사냥꾼은 어디에? — 187

1장
주니 & 거니의 하늘 농장

안녕?
나는 거니라고 해.

얘는 내 쌍둥이 동생 주니.
뭐? 아직도 우리를 모른다고? 맙소사, 아직 《팜 1: 지하 농장》을 읽지 않았단 말이야? 설마~ 레알, 진심? 말도 안 돼.
지금 당장 가서 읽고 와!

우리는 지하 농장에 살아. 아니, 살았지.
지금은 어디에 사느냐고? 음… 굳이 말하자면 하늘 농장이야.
그냥 농장이 아니고
무려 **하·늘·농·장.**

하늘에 무슨
농장이 있느냐고?
뭘 물어! 지하 농장은 말이 돼?
그래도 재미있었잖아.
그러니 당장 따라 내려…
아니지, 따라 올라와!

여기는 하늘 음악당.

여기는 내가 제일 좋아하는
액괴 놀이방이야.
액괴가 뭐냐고?
액체 괴물을 모르는
초등학생이 있어? 설마~
액괴 공을 가지고 놀다가 배가 고프면,
액괴 요요를 쭉 던지기만 하면 돼!
어떤 음식이라도 척척 붙여서 가지고 오거든.

이렇게 되기까지 주니가 애를 많이 썼지. 34,786,259,889번째, 34,786,259,890번째, 34,786,259,891번째… 지금도 끝없이 새로운 발명품을 만들어 내고 있어.
나는 그동안 뭐 했느냐고? 뭐 하긴, **하·늘·농·장**을 만들고 운영했지! 수많은 동물을 모으고 보금자리를 만들어 주고….
하루가 얼마나 바쁜지 몰라.

보다시피 우리는 꽤 멋진
두 번째 농장을 가지고 있는 셈이야.

그때 주니가 소리쳤어.
"어, 저기 뭐가 보여!"

"역시 내 생각이 맞았어. 뭔가 있을 줄 알았다고!"
"헉헉, 뭐가 있다는 거야? 하늘…정원?"
낡은 팻말에는 '하늘 정원'이라고 적혀 있었어.

"하늘 정원이래! 오, 근사한데?"
주니는 완전 신이 났어. 음… 좋지 않은 징조야.
주니가 신나면 꼭 무슨 일이 일어나거든.

"정원인데 아무것도 없네?
 앙상한 나뭇가지랑 쓰레기만 잔뜩 있고."
내 말에 주니가 눈을 반짝이며 대답했어.
"흐흐. 우리더러 하늘 농장을 만들라는 신의 뜻이지."
안 돼, 말도 안 돼! 하늘 농장이라니.
지하 농장 하나만으로도 벅차다고. 절대, 네버, 그럴 수 없어!

"말도 안 되는 소리 하지 마. 하늘 정원이라고 적힌 걸 보니 주인이 있겠지. 우리 마음대로 한다는 게 말이 돼?"

하지만 이미, 벌써, 주니에게 내 말은 들리지 않았어.
이미, 벌써, 사고를 치고 있었지.
가지고 있던 펜으로 팻말을 쓱쓱 긋고
'하늘 농장'이라고 고치고 있었거든.

그러고는 신나서 하늘 정원,
아니 하늘 농장으로 폴짝폴짝 뛰어 들어갔어.
주니는 사냥꾼의 발자국 같은 건 까맣게 잊어버렸나 봐.
어이, 이것 봐, 우리가 여기 왜 올라왔는데!
"같이 가! 주니, 같이 가자고!"

한참 뛰어가던 주니가 갑자기 멈춰 섰어.
"헉헉, 뭐야? 무슨 일이야?"
내가 물었어.

"구름이잖아? 구름과 폭탄이 무슨 상관인데?"
"잘 봐. 숫자가 점점 줄어들고 있다고!"
주니의 얼굴이 이젠 붉으락푸르락해졌어.
저러다가 숨넘어가는 거 아냐?

미션 1   미션 키워드 **디지털**

구름 폭탄에 표시된 숫자를 읽어라!

주니가 밟은 구름 폭탄에는 숫자가 표시되어 있었어요.
시곗바늘로 시간을 나타내는 아날로그시계를 보고 해당 시각을 읽어 보세요.
그런 다음, 숫자로 시간을 나타내는 디지털시계에 적어 보세요.

아날로그시계가 10시 8분을 가리킬 때, 10시 8분 1초인지 10시 7분 59초인지 정확하지 않아. 하지만 디지털시계로는 정확한 시간을 알 수 있지! 그 이유는 아날로그시계는 연속으로 이어지는 값을 가지는 반면, 디지털시계는 연속으로 이어지지 않고 매 순간순간 정확한 값을 가지기 때문이야. 만약 구름 폭탄이 아날로그시계였다면 터지기까지 몇 초나 남았는지 정확히 알 수 없었을 거야. 으, 생각만 해도 끔찍해!

디지털(digital)에서 디지트(digit)는 '손가락, 엄지'에서 유래했대. 손가락으로 숫자를 하나, 둘, 셋 하고 끊어서 세는 것처럼, 디지털은 딱 떨어지는 값을 표시한다고 생각하면 쉬워.

3장
구름 폭탄 해체 대소동

우리 그대로 얼음이 되었어.
땀이 삐질삐질~ 눈알이 데구루루~

"주니야, 정신 차려!
넌 폭탄을 장난감처럼 만들어서 가지고 노는 애잖아!
어떻게 좀 해 봐! 응?" 
나는 주니의 멱살을 쥐고 흔들었어.
"앗, 흔들지 마~ 나 터져!"
"아… 미안. 벌써 40까지 줄어들었어.
 어떻게 하면 멈출 수 있는지 말해 보라고!"

"후, 후, 릴렉스~
 그래. 정신을 차리고….
 거니야, 구름 아래쪽을 뒤져 봐. 선이 있지 않아?"
"선? 흠… 선이라기보다는
 무슨 동물 꼬리 같은 것들이 보이긴 해."
"어떻게 생겼어?"

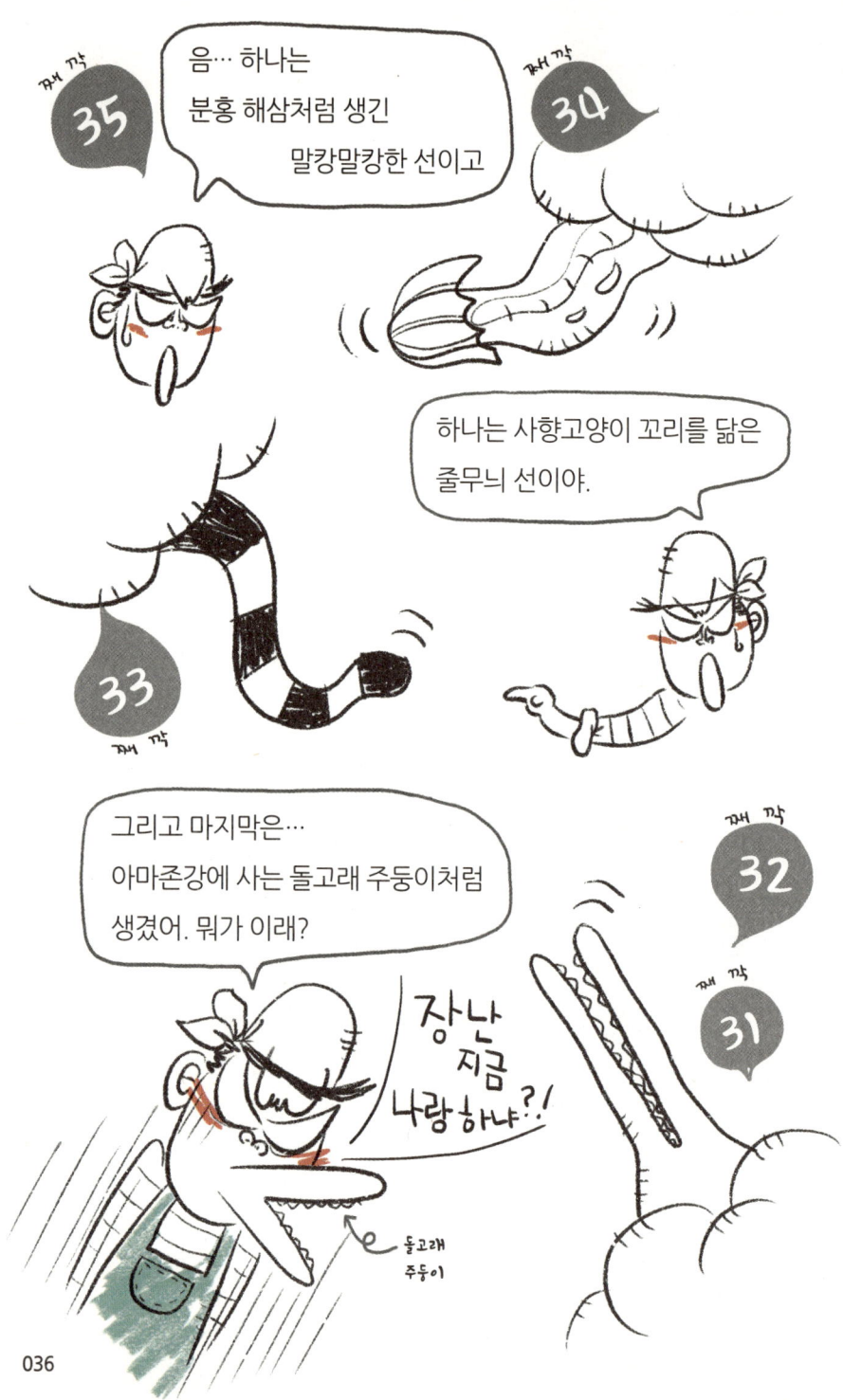

"거니야, 지금 그게 중요한 게 아냐!
이제 30초밖에 안 남았다고."
"미안. 그래서 내가 이 동물 꼬리,
아니 선을 어떻게 해야 한다고?"

"하나는 입력 선이고, 하나는 처리 선, 하나는 출력 선일 거야.
그중에서… 폭탄이 처리되는 걸 막아야 하니까…
처리 선을 자르면…. 아니지, 아니지.
출력이 되지 말아야 하니 출력 선을 자르면 될 거야. 아닌가? 맞나?"

"주니야, 정신 차려! 이제 20초 남았다고. 자, 뭘 자르면 돼?"
"동물 꼬리, 아니 선을 잘 봐. 뭔가 표시되어 있을 거야. 보여?"

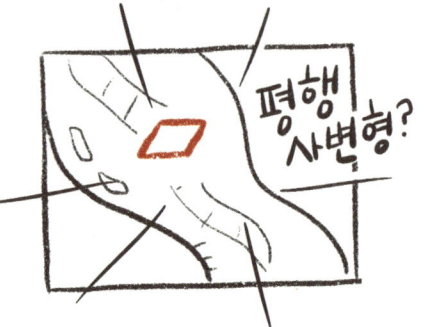

"표시? 오, 그러고 보니 분홍 해삼처럼 생긴 말캉말캉한 선이랑

아마존강에 사는 돌고래 주둥이처럼 생긴 선에는
평행사변형이 그려져 있고,

사향고양이 꼬리를 닮은 줄무늬 선에는
그냥 사각형이 그려져 있어."

"그거야, 그거!
사각형이 처리를 나타내는 기호라고!
폭탄을 터트리라는 명령을 처리하지 못하게
사향고양이 꼬리를 닮은 줄무늬 선을 끊어! 어서!"

"알았어! 심호흡 좀 하고."
"지금 뭐 하는 거야? 빨리 끊어, 나~~ 죽~~ 어~~~!"

"영화에서 보면 마지막에, 0이 되기 바로 직전에 딱 끊더라고. 그러니 잠깐 기다려."
"거니 너 오늘 왜 이래? 넌 내가 아니잖아. 넌 거니야, 거니! 주니가 아니라고!"

"5, 4, 3, 2, 1, 됐다!"

음… 그래, 맞아. 영화와 현실은 다르다는 걸 깜빡했네?
동물 꼬리, 아니 처리 선은 생각보다 너무 질겼어.
흠집조차 나지 않던데? 영화에서는 그렇게 쉽게 끊어지더니.

머리털이 홀라당 타 버린 주니를 보니 미안하긴 했지만.
뭐, 그래도 죽지는 않았으니까.
그러고 보면 이 구름 폭탄을 만든 사람은 꽤 착한 것 같아.
사람을 죽이는 폭탄은 아니잖아. 그냥… 머리털을 태웠을 뿐이지.

미션 2

미션 키워드 **입력, 처리, 출력**

구름 폭탄을 해체하라!

구름 폭탄에 있던 3개의 선은 각각 입력 선과 처리 선, 출력 선이었어요. 이처럼 디지털 기기에는 입력과 처리, 출력을 담당하는 부분이 있어요. 빈칸에 각 기기 이름을 쓰고 입력 장치에는 ○를, 출력 장치에는 □를 표시하세요.

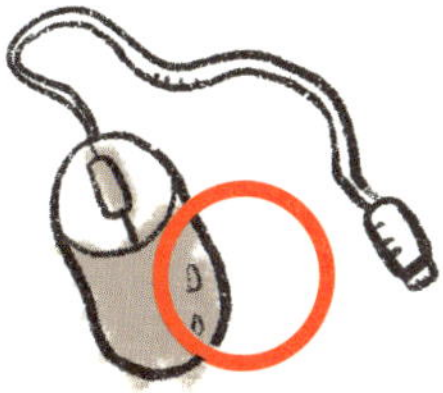

마우스

외부의 자료를 컴퓨터가 처리할 수 있는 형태로 만들어서
컴퓨터 안으로 들여보내는 것을 **입력**이라고 해.
마우스나 키보드처럼 입력을 담당하는 장치를 '입력 장치'라고 하지.
반대로 모니터나 스피커, 프린터처럼 컴퓨터 안에 저장된 자료를
우리가 볼 수 있는 형태로 바꿔서 컴퓨터 밖으로 내보내는 것을 **출력**이라고 해.
컴퓨터는 입력된 자료를 명령에 따라 처리한 후 출력하여 밖으로 내보내지.

사향고양이 꼬리털을 닮은 줄무늬 선에 그려진 사각형은 '처리'를
의미해. 어떤 문제를 해결하기 위해 사용하는 순서도에서는
기호를 사용해서 입력, 처리, 출력을 나타내거든.
핑크 해삼과 아마존돌고래 주둥이처럼 생긴 선에 그려진
평행사변형은 데이터의 입력과 출력을 의미해.

4장
태양을 피하는 방법

"주니야, 아무래도 내려가는 게 좋겠어.
구름 폭탄도 그렇고, 하늘 정원이라고 적혀 있던 팻말도 그렇고,
여긴 누군가 살고 있는 게 틀림없다고!"

맙소사, 근두운이라니! 완전 멋진걸~ 지금 당장 만들어야겠어!"
"주니야, 제발 좀 참아. 여기는 지하 농장이 아니야.
 실험실도 없고. 뭐, 근두운?
 근두운을 어떻게 만들어? 그게 지금 말이 되는 소리냐고?"

뭐… 짐작했겠지만, 내 말이 끝나기도 전에
이미 주니는 사라지고 없었어.
몇 올 남지도 않은 머리털을 휘날리며
쌩하니 가 버렸지.

이쯤 되면 나도 빨리
내 살길을 찾아야 하지 않겠어?
주니는 한번 발명을 시작하면 완성할 때까지
꼼짝도 안 하니까 말이야.

"흠… 거대 나무줄기만 살리면 되는데….
왜 이렇게 말라비틀어진 거지? 비가 안 와서?"

후두두둑.
입이 방정이야.
갑자기 비가 쏟아졌어.
아니, 쏟아지는 소리가 들렸지.

"응? 뭐야? 비가 아래에서 내리잖아?
 맙소사!"
밑을 내려다보니 비구름이 하늘 농장 바로 아래에
만들어져 있었어.

그게 끝이 아니었어.

11시, 12시, 1시…. 시간이 흐를수록
태양이 점점 더 거대해지지 뭐야? 지하 농장에서 볼 땐
콩알만 하더니, 이건 뭐 방방꽃이 커지듯 쑥쑥 커졌어.

"헉, 헉! 목이 타들어 갈 것 같아. 여기서는 하루도 못 살겠어."
나는 하늘 농장을 가꿔 볼까 잠시 고민했지만,
더 이상 고민하지 않기로 했어.
이건 안 되는 거야. 안, 안 되고말고!

"주니야, 헉헉~ 내려가자. 여기는 안 돼!"
나는 땀을 뻬질뻬질 흘리며 뭔가를 만드는 주니를 발견하자마자 말했어.

"흠… 기다려 봐. 근두운을 만들고야 말 테니.
그런데 저 태양 때문에 구름이 금방 사라져 버리네?
만들면 사라지고, 만들면 사라지고….
저 태양부터 없애야겠어. 흐흐흐~"
"뭐? 태양을 없앤다고? 말도 안 돼.
그냥 우리가 내려가면 끝난다고!"

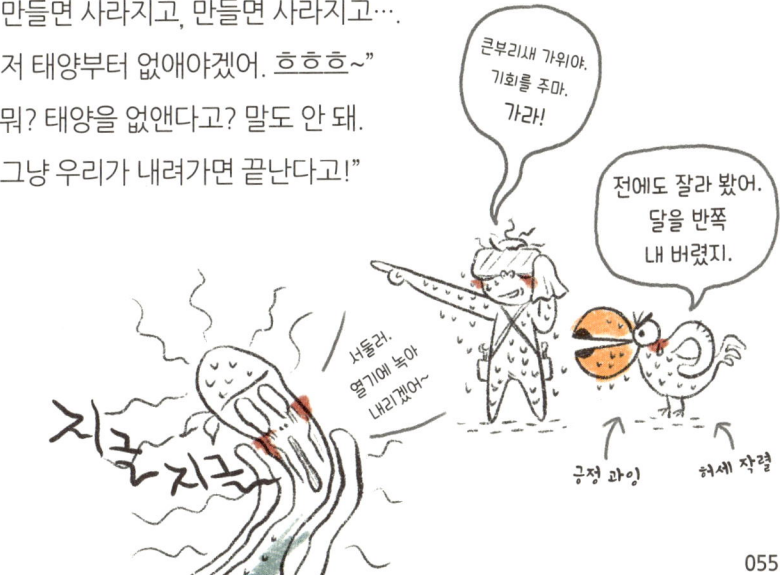

"다 됐다!
이거면 태양을 없앨 수 있어!
이름하여 **태양 가·림·막 우산!**
자, 몇 번째 발명품이더라?
34,786,259,891번째? 34,786,259,892번째?"

"지금 뭐 하는 거야? 그 우산이 설마 태양을 없애는 방법?"
드디어 주니가 정신줄을 놓은 모양이야.
하긴 태양이 오죽 뜨거워야지. 땅에 내려가는 대로
병원에 데리고 가야 할 것 같아.

"흐흐~ 기다려, 거니야.
날 뭐로 보고….
나의 **초특급 울트라 뿅
태양 빛 감지 센서 버튼**을
아직 누르지 않았단 말이지.
이걸 누르면….”

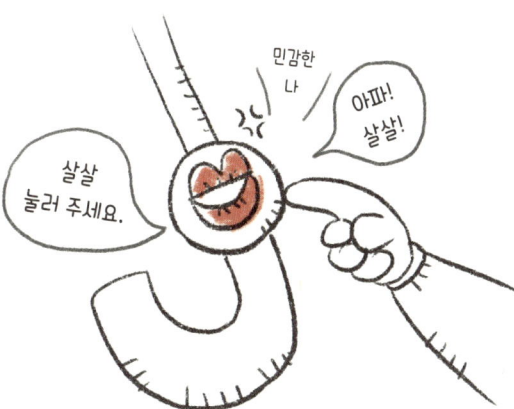

아니, 내가 지금 뭘 본 거지?
태양만 방방꽃처럼 커지는 줄 알았더니,
우산도 함께 커지잖아!

태양이 작아지면 우산도
똑같이 줄어들었어.
완벽하게…
정말 완벽하게…

거대 나무줄기 위를 덮는 **태양 가·림·막** 우산은 완벽했어.
태양을 없애는… 아니, 태양을 피하는 완벽한 방법을
주니가 찾아낸 거야!

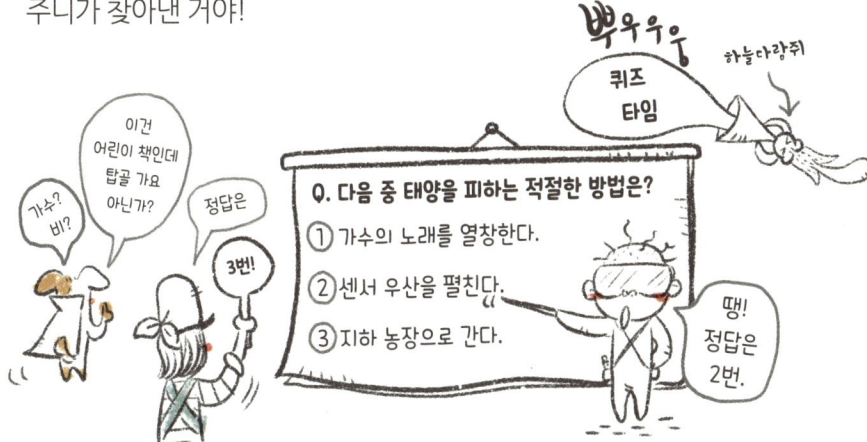

미션 3   미션 키워드 **센서**

뜨거운 태양 빛을 가려라!

태양 가림막 우산에는 '초특급 울트라 뿅 태양 빛 감지 센서' 버튼이 있어요. 이 버튼을 누르면 태양 빛의 양에 따라 우산 크기가 달라져요. 다음 그림을 보고, 태양 가림막 우산처럼 조건이 변화할 때 센서로 감지해서 어떻게 반응할지 상상해서 써 보세요.

스마트 가로등
날이 어두워지면 불이 켜진다.

날이 밝아지면 _____

스마트 팜
땅의 습도가 낮으면 스프링클러가 자동으로 물을 뿌린다.

실내 온도가 떨어지면 _____

스마트 하우스
겨울철 집에 들어가기 전 미리 보일러를 켠다.

가스레인지를 켠 채 깜빡 잊고 외출했다면 _____

열, 빛, 온도, 압력, 소리처럼 물리적인 양의
변화를 알아채고 알려 주는 부품이나 기구를
센서라고 해. 태양 빛의 양에 따라 태양 가림막
우산이 커졌다 작아졌다 하는 건,
그 안에 들어 있는 '빛 센서' 덕분이지.
이걸 내가 만들었다니 역시 난 천재가 분명해!

스마트 팜에서 스프링클러가
자동으로 켜지고 꺼지는 것도
안에 '습도 센서'가 있기 때문이야!
주니야,
하늘 농장에도 스프링클러 한 대
필요할 것 같지 않아?

5장
어디든 뿌려! 스프링클러!

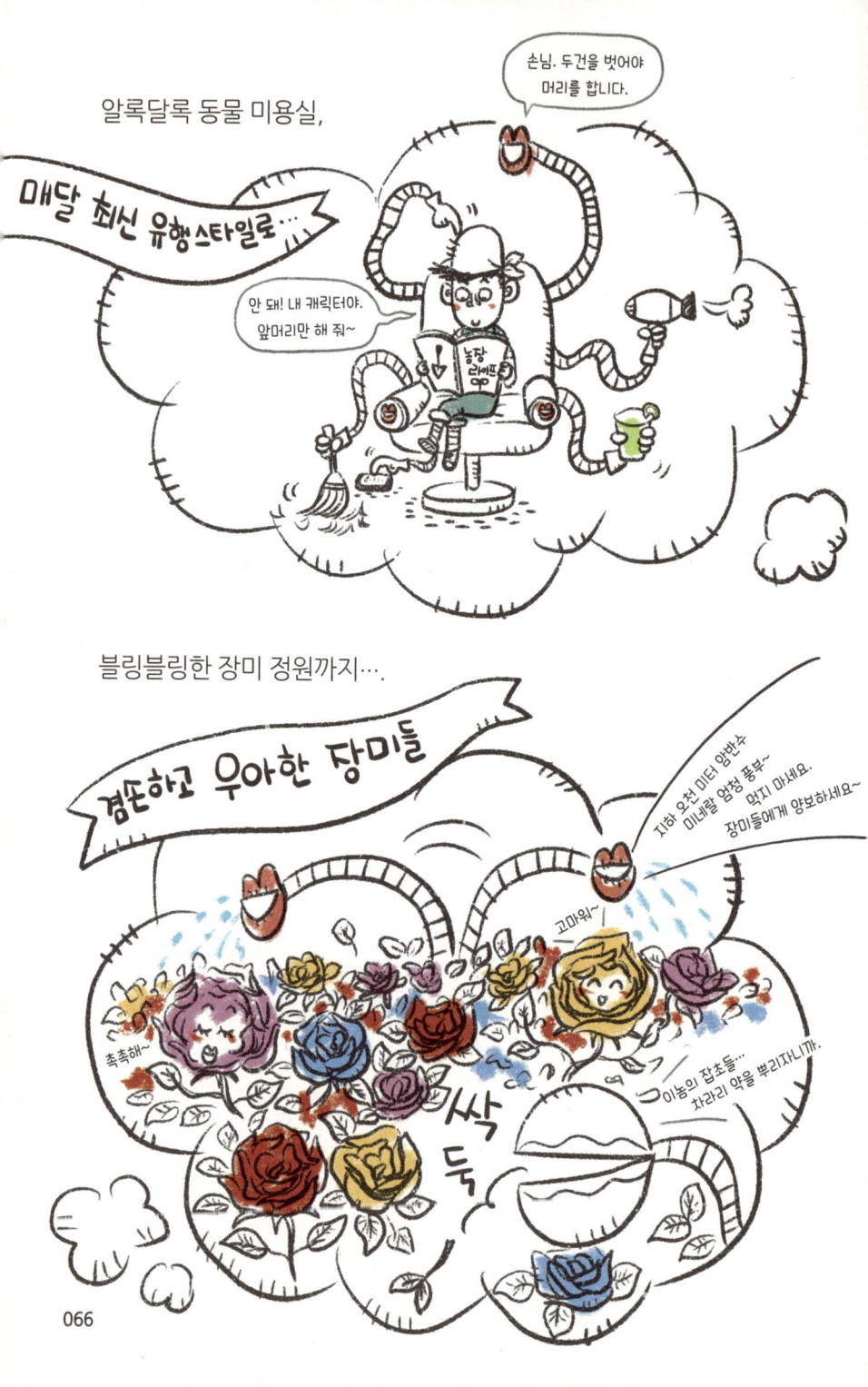

어느 곳 하나
내 손을 거치지 않은 곳이
없었거든.

나는 품속에서 피리를 꺼내 불었어.
지하 농장 친구들이 들을 리는 없겠지만 말이야…
그런데 잠시 후…

뭐… 혼자인 것보다는 여럿이 나으니까.
나는 재빨리 하늘 농장 곳곳에 동물들이 머물 곳을 정해 주었어.

"북극곰? 너는 도대체 어디로 보내야 하지?"
문제는 북극곰이었어.
아무리 둘러봐도
지낼 만한 곳이
없었거든.

그런데 내 말을 들었는지 어쨌는지
북극곰이 앞으로 성큼성큼 걸어갔어.
그러더니 굵고 긴 나뭇가지,
아니 줄기를 하나 쑤~욱 뽑는 거야.

"뭐 하는 거야?
　설마… 그걸로 날? 에이~ 아니지?
　내가 얼마나 친동물적으로 생겼는데…."

고개를 갸우뚱하며 날 바라보던 북극곰은 그 굵고 긴 나뭇가지,
아니 줄기를 들고는 거대 나무줄기의 한가운데로 쿵쿵 걸어갔어.
그러더니 그 위에서 방방 뛰지 뭐야?
한 번 뛸 때마다 구멍이 쑥쑥 커졌어.

그러고는 들고 있던 줄기를
깊숙이 꽂았지.

후훗,
난 너무
멋지단 말야.

"너 뭐야? 혹시 주니?
 무슨 북극곰이 주니랑 똑같지? 말도 안 돼!"
나는 북극곰의 양 볼을 꼬집으면서 말했지.

"나 여기 있거든!"
그때 주니가 나타났어.
북극곰이 방방 뛰는 소리를
못 들었을 리 없지.

"이건 또 무슨 일이야? 이 동물들… 설마 거니 네가 다 불렀어?"
"아니… 난… 그냥… 혼자 있기도 심심하고….
 그렇다고 이렇게 다들 몰려올 줄은 몰랐지. 헤헤!"
나는 주니를 향해 있는 힘껏 입꼬리를 끌어올렸어.
뭐, 그다지 효과는 없었지만.

"그런데 얘는 왜 이런 거야? 응?
 와~우! 대~~~박!"
주니는 북극곰이 꽂은 줄기를 보며 말했어.
"완전 똑똑한데?
 이 줄기가 거대 나무줄기를 타고 아래 비구름과 연결되네.
 이걸로 물을 끌어올릴 수 있겠어!"

"뭐? 그게 말이 돼? 물이 어떻게 올라와?"
나는 어이가 없어서 말했어.
"거니 너 어서 비가 안 온다고 말해 봐."
"비가 안 온다고 말하라고? 내가 왜?"

후드득. 이런, 역시 또 입이 방정이야.
그런데 이게 웬일? 아까는 분명 거대 나무줄기 아래 비구름에서
비가 쏟아졌는데, 이번에는 빗물이 굵고 긴 줄기를 타고
위로 뿜어져 나오는 게 아니겠어?
마치 화산이 폭발하는 것처럼 말이야.

"오호~ 그렇다면 여기에 구멍을 내면 되겠군.
 이름하여 거대 나무줄기 스프링클러!"
주니는 잽싸게 딱따구리 망치를 꺼내 들었어.
그러고는 굵고 긴 줄기에 구멍을 퐁퐁퐁 냈지.

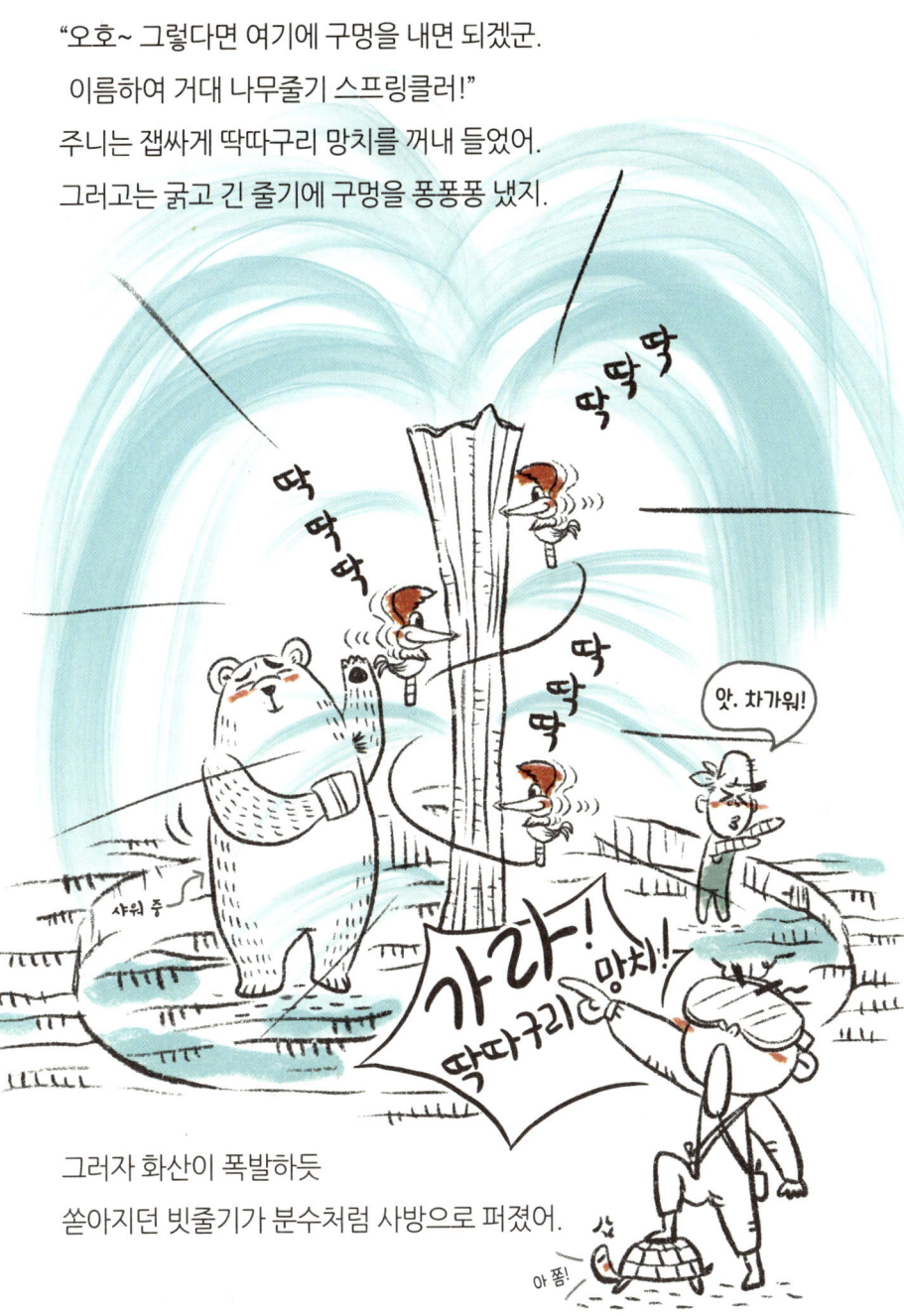

그러자 화산이 폭발하듯
쏟아지던 빗줄기가 분수처럼 사방으로 퍼졌어.

북극곰이 방방 뛰며 파 놓은 구멍에도 물이 가득 고였어.
기다렸다는 듯이 선글라스를 끼고,
한 손에는 콜라 병을 든 채 물속에 들어가는 북극곰이라니!

아무래도 쟤는 TV 광고를
너무 많이 본 것 같아.
역시 심상치 않은 녀석이야.

"음… 몇 군데만 더 이렇게 구멍을 뚫어야겠어.
그러면 거대 나무줄기 곳곳에
물을 뿌릴 수 있을 거야.
비구름이야 어디든 만들어지니!"
주니는 또 신이 났어.
딱따구리 망치로 바쁘게 거대 나무줄기 곳곳에
구멍을 뚫고 다녔지.

"주니 너 근두운 만든다고 하지 않았어?
그건 언제 완성되는 거야?"

미션 4

미션 키워드 **무작위 수**

비구름을 찾아라!

북극곰이 방방 뛰어서 거대 나무줄기에 구멍을 뚫고, 그 아래에 있는 비구름에서 물을 끌어올렸어요. 비구름은 하늘 곳곳 어디든 생길 수 있어요. 친구와 함께 1~10까지 숫자 중에서 비구름이 어디에 있을지 숫자 3개를 각자 마음속으로 골라 보세요.
그리고 내가 고른 수와 친구가 고른 수가 같은지 비교해 보세요.

내가 고른 수

친구가 고른 수

비구름은 1~10번 중에서 1번에도 만들어질 수 있고 3번에도, 7번에도 만들어질 수 있어. 내가 1, 3, 7을 고른다면 말이야. 반면에 친구는 2, 4, 8을 골랐을 수도 있지. 이처럼 정해진 범위 안에서 일정한 규칙 없이 만들어지는 수를 **무작위 수**라고 해. 다른 말로 **난수**라고도 하지. 영어로는 랜덤 넘버(random number)라고 해.

친구들이 이해할 수 있게 더 쉽게 설명해 줄게! 주사위를 던질 때 1부터 6까지 수 중에 어떤 수가 나올지 알 수 없지? 이런 게 바로 무작위 수야. 한마디로 제멋대로 나온다 이거지. 게임 프로그램을 만들 때도 무작위 수를 사용해. 생각해 봐! 폭탄이 정해진 시간에 딱딱 나타난다면 재미가 없겠지? 폭탄이 나타나는 시간을 무작위 수로 정하면 언제 나타날지 몰라서 게임이 한층 더 흥미진진해진다고!

후훗... 게임을 시작해 볼까?

6장
액괴 놀이방이 통통통!

어느새 하늘 정원, 아니 하늘 농장은
주니 & 거니의 하늘 농장답게 조금씩 변해 갔어.

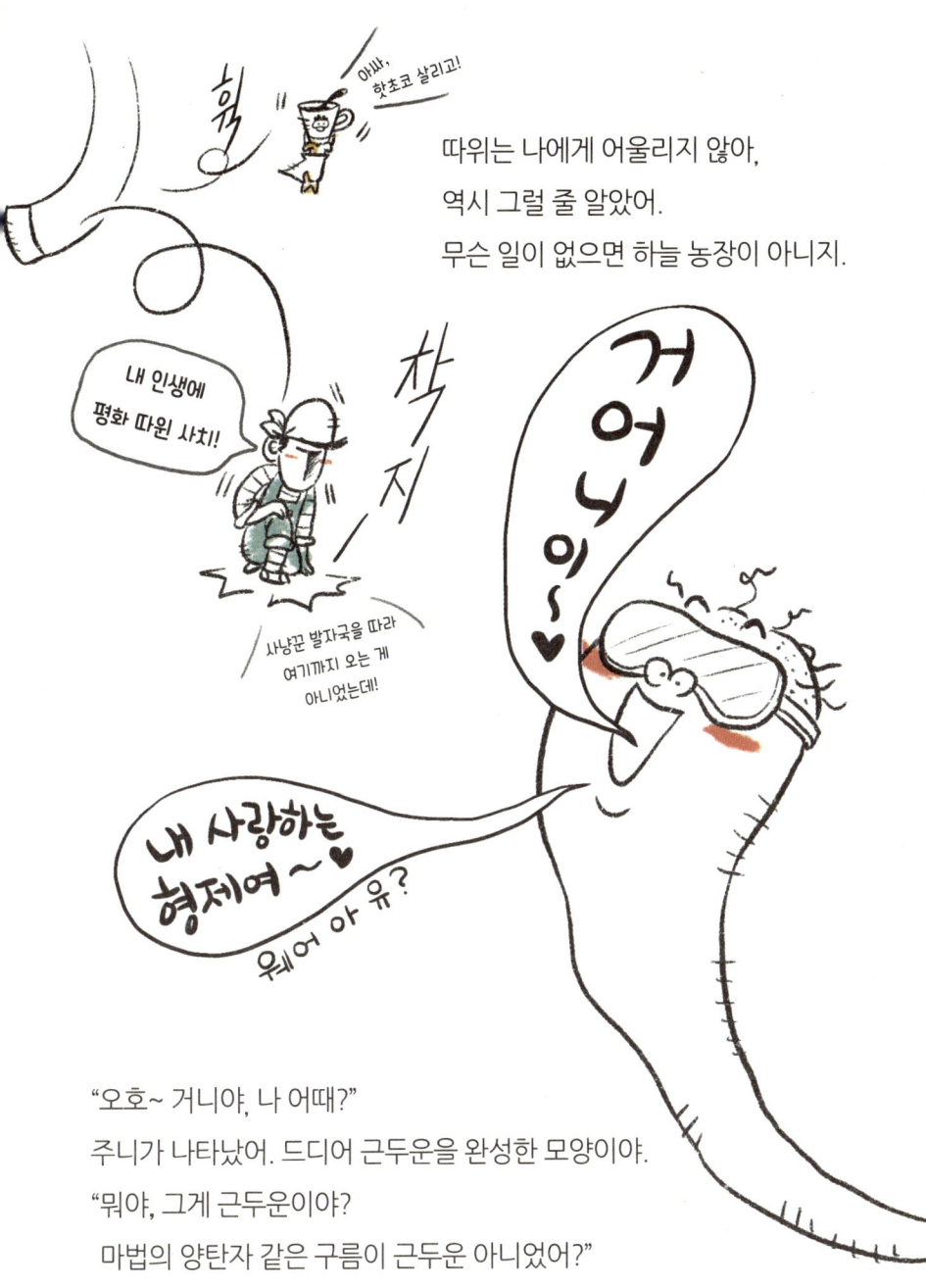

따위는 나에게 어울리지 않아,
역시 그럴 줄 알았어.
무슨 일이 없으면 하늘 농장이 아니지.

"오호~ 거니야, 나 어때?"
주니가 나타났어. 드디어 근두운을 완성한 모양이야.
"뭐야, 그게 근두운이야?
 마법의 양탄자 같은 구름이 근두운 아니었어?"

진짜 손오공이라도 나타난 줄 알았네.
짧은 머리털이 삐죽삐죽 올라오는 게 진짜 손오공 같았거든.

그런데 근두운이 아니라 배를 타고 있잖아?
그것도 독수리 머리에 웬 날개?

"지금까지 이런 하늘 배는 없었다!
 근두운보다 훨씬 더 강력한 주니님의 독수리 하늘 배! 푸하하하~"
"아, 정신없어. 어서 하늘 배인지, 독수리 배인지 거기서 내려와!"

머리 위에서 뱅글뱅글 도는 하늘 배 때문에
내 눈알도 뱅글뱅글 돌아갈 것만 같았어.

"이 하늘 배로 말할 것 같으면,
하늘 농장에 들어오는 침입자나 나쁜 기운을 알아채고 미리
알려 준다고! 물론 이렇게 타고 다닐 수도 있고 말이야.
어때, 완전 내 스타일이지?

아 참! 그건 그렇고,
내가 하늘 배를 만들면서
기발한 아이템을 또 하나
생각해 냈지! 자, 받아!"
"으… 이 물컹물컹한 건 뭐야, 침 덩어리?"
"어허, 침 덩어리라니! 내가 열심히 독수리 하늘 배를 만드는데
독수리가 갑자기 캑캑거리지 않겠어?
냅다 등을 한 대 쳤더니 이런 걸 뱉더라고."
"그러니까 독수리 침 덩어리 맞잖아?"

"독수리 침 덩어리가 아니고, 액체 괴물이라는 거야. 거니야, 모르면 좀 배워. 우리 초등학생들도 다 아는 걸 왜 너만 모르니?"
"초등학생들도 다 안다고? 그럴 리가…."

뭐야, 진짜 나만 빼고 다 알잖아?
이 독수리 침 덩어리처럼 생긴 게 액체 괴물이라는 걸 다들 어떻게 아는 거지?

"그런데 이 액체 괴물로 뭘 하겠다는 거야?"
"뭘 하긴. 액괴 놀이방을 만들어야지.
 아니, 벌써 만들었어! 나를 따라와, 거니!"
"만지기조차 싫은 침 덩어리로 뭘 만든다고? 주니야, 제발~"
주니는 독수리 하늘 배를 타고 먼저 쌩하고 가 버렸어.
"같이 가!"

액괴 놀이방의 벽은 음… 좀 그랬어. 벽과 한 몸이 되어야 했거든.
"거니야, 너도 해 봐. 얼마나 재미있는데~"
"난 사양하겠어. 내 몸에 그 침 덩어리를 묻히는 상상만 해도, 우욱!"

하지만 소용없었지. 이미 주니에 의해 내 몸은 벽과 하나가 되었어.
뭐… 생각보다 감촉이 나쁘진 않았어.
콧물 속에 들어간 것 같기도 하고,
말캉말캉 젤리 속에 들어간 것 같기도 하고. 그런데…
"꼭 이걸 만들어야만 했니? 주니~~~"

"아, 배고파. 이럴 때를 대비한 비장의 무기도 있지. 자, 받아."
주니가 준 건 요요였어. 내가 좋아하는 장난감
요요…가 아니라, 액괴로 만든 요요였지.
"액괴로 만든 요요를 먹으라는 거야, 지금?"
"아니, 잘 봐~ 이렇게 하는 거야."

주니가 액괴 요요를 힘껏 날렸어.
곧 되돌아온 요요에는 참새 한 마리가 붙어 있었어.

"오호, 오늘은 참새 요리군."
"주니야, 설마 우리 친구
참새를 먹겠다는 건 아니지?"
"쩝, 그런가.
그럼 다시 한번~"

이번엔 속이 훤히 보이는 유리 문어 아저씨가
액괴 요요에 착 달라붙어 나타났어.

우리는 액괴 요요에서
유리 문어 아저씨를 간신히 떼어 냈어.
어찌나 딱 달라붙었는지!
그런데 신기하게도
유리 문어 아저씨 빨판을
액괴 요요가 모두 빨아들였어.
"오호, 액괴 요요가 더 강력해졌는걸!"
이 상황에서도 주니는 정말… 생각이라는 걸 안 하는 것 같아.

"액괴 요요로 뭘 먹는 건 포기하는 게 좋겠어."
"포기는 배추 셀 때나 쓰는 법! 맛있는 것을 포기할 순 없지.
 내가 요리를 낚을 동안 거니 넌 저 통통이나 타고 있어!"
주니는 계속해서 액괴 요요를 던졌어.
되돌아온 액괴 요요에는 정말 온갖 게 붙어 있었지.
우리 키보다 더 큰 수염고래.
여왕개미의 알들…. 정말 밥풀처럼 생겼더라.
자칫 밥인 줄 알고 먹을 뻔했지 뭐야.
씹으면 이가 부러질 것 같은 뽐뽐게….

7장
우르르 쾅쾅!

우르르 쾅쾅!

"앗, 깜짝이야!"
갑자기 천둥 번개가 몰아쳤어.
어찌나 세게 울리는지 통통이가 뒤집어졌지.
통통이는 뒤집어져도 통통이지만 말이야.

"바로 옆에서 고함치는 것 같네."
주니가 말했어. 그래, 여기는 하늘 농장이야.
바로 옆에서 천둥이 친다 해도 이상할 것이 없지.

"그런데 아까부터 느낀 건데, 저 하늘 배인지 독수리 배인지는 원래 저렇게 네온등처럼 색깔이 변하는 거야?"
"무슨 소리야? 내 하늘 배가 어떻다고? 헉! 완전 대박~ 하늘 정원에 뭐가 침입했나 봐! 나쁜 기운을 느끼면 색깔이 변하도록 만들었거든."
"뭐? 그걸 왜 이제 말해? 나쁜 기운이 뭔데?"

"모르지, 나야. 거기까지는 생각 안 해 봤는데?
 응? 저건 또 뭐지? 번개가 꽂혀 있어!"
하늘 농장은 정말 재미있는 곳이야.
주니 말대로 거대 나무줄기에 번개가
꽂혀 있지 않겠어?

"오호, 재밌는데? 하늘 농장은 역시 심심할 틈이 없군.
 번개를 눈앞에서 보다니!"
주니는 꽂혀 있는 번개 쪽으로 신나서 달려갔어.
음… 불길해. 뭔가 불길하다고!

"으아아악!"
그럼 그렇지. 번개를 냅다 그렇게 만지다니, 역시 주니다워.
그나마 몇 올 올라오던 머리카락이 다시 몽땅 타 버렸어.
이번 하늘 농장에서 머리카락이 긴 주니를 보기는 틀린 것 같아.
"아이구, 그걸 왜 만져? 건드리지 마.
 저절로 없어지겠지."

하지만 나의 예상은 빗나갔어.
다음 날, 거대 나무줄기 곳곳에
번개가 더 많이 꽂혀 있었거든.
"진짜 신기하다. 알 까는 번개인가 봐.
 오호~ 완전 멋져!"

다음 날도 거대 나무줄기 곳곳에
번개가 더 늘어났어.

그다음 날도….

계속 늘어나네….

그다음 날도….
발 디딜 틈도 없을 만큼 번개는 계속 늘어났어.

안되겠다!
더 이상 못 참아!
빨리 나가
놀아야겠다!

앗! 팝콘이 식었나요?
제가 뭘 잘못했나요? ㅜㅜ

주니는… 번개 사이를 요리조리 빠져나가며
미로 탈출 놀이를 즐겼어. 펭귄들과 함께 말이야.
좀 뚱뚱한 펭귄들은 번개 사이에 끼어 버렸지.

그때였어. 번개 사이에 낀 펭귄들이
갑자기 돌덩이처럼 굳어 버렸어.
마치 메두사와 눈을 마주치기라도 한 것처럼!

"주니야, 이럴 때가 아닌 것 같아. 뭔가 이상해!"
"뭐가? 나는 재미있기만 한데. 아~ 이 신선함이란!
 지하 농장에서는 상상도 할 수 없었던 즐거움이야."

"정신 차려. 제일 처음 꽂힌 번개 밑을 봐. 뭔가 있다고!"
"구름 폭탄처럼 폭탄이라도 숨어 있다는 말이야?"
주니는 호기심 가득한 눈을 반짝이며
제일 처음 거대 나무줄기에 내려꽂힌 번개 쪽으로 갔어.
"응? 이건 사냥꾼의 발자국?
 거대 나무줄기가 시작된 곳에서 사라졌던
 그 발자국이잖아?"
눈이 수리부엉이만큼 둥그레진
주니가 말했어.

"사냥꾼의 발자국? 역시… 뭔가 이상하다 했어. 번개가 점점 늘어나는 데다, 그사이에 낀 동식물 모두 다 돌덩이가 되고 있다고! 하늘 배 색깔이 변한 것도 이것과 관련 있는 게 틀림없어!"
주니가 이렇게 말하는 순간에도 번개는 계속 늘어났어.

"한가하게 미로 탈출 놀이나 할 때가 아니군. 이럴 때 불러야지. <u>흐흐흐</u>~
날아라! 슈퍼맨? 아니지, 날아라! 손오공…도 아니지."
"주니 너 뭐 하는 거야? 번개가 코앞까지 다가왔다고!"

"알았어. 날아라, 하늘 배!"
주니가 소리치자 독수리 머리와 날개를 단 하늘 배가 나타났어.
아니, 더 정확하게 말하면
알록달록 색깔이 변하는 LED 광고판 같은 하늘 배가 말이야.

미션 5　　　　　　　　　미션 키워드 **컴퓨터 바이러스**

침입자와 나쁜 기운을 감지하라!

주니가 타고 온 하늘 배는 하늘 농장에 들어온 침입자나 나쁜 기운을 감지해서 알려 주었어요. 컴퓨터에도 바이러스라는 침입자가 있어요. 바이러스가 침입해서 컴퓨터를 감염시킨 것을 어떻게 알 수 있을까요? 그림에서 바이러스에 감염된 곳을 감지하여 색칠해 보세요.

컴퓨터의 성능이 갑자기 떨어져요!

컴퓨터로 동영상을 만들어요!

컴퓨터로 책을 읽어요!

나도 모르게 암호가 바뀌었어요!

컴퓨터가 갑자기 멈추거나 꺼져요!

컴퓨터를 켰는데, 모르는 프로그램이 시작돼요!

컴퓨터 바이러스란 정상적인 프로그램이나 자료를 망가뜨리도록 특수하게 개발된 악성 프로그램을 뜻해. 스스로 복제하여 다른 프로그램을 감염시키지. 바이러스에 한번 감염되면 치료가 어려우니, 미리 컴퓨터 백신 프로그램을 설치하고 최신 버전으로 계속 업데이트해 주어야 해.

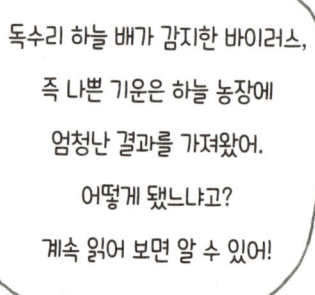

독수리 하늘 배가 감지한 바이러스, 즉 나쁜 기운은 하늘 농장에 엄청난 결과를 가져왔어. 어떻게 됐느냐고? 계속 읽어 보면 알 수 있어!

미션 6   미션 키워드 **백신**

천둥 번개의 변신에 주의하라!

하늘 농장에 떨어진 천둥 번개는 자기 복제를 거듭하며 엄청나게 많아졌어요. 그리고 번개가 닿은 모든 것이 돌덩이처럼 굳어 버렸어요. 이와 마찬가지로 컴퓨터도 바이러스에 감염되면 제대로 동작하지 못해요. 고치려면 백신이 필요하지요. 다음 그림에서 바이러스가 있는 곳에 주사기 모양의 백신을 그려 보세요.

컴퓨터 바이러스를 찾아내서 없애거나 동작을 멈추게 하는 프로그램을 **백신**이라고 해. 평소 바이러스에 감염된 건 아닌지 자주 검사하고, 만약 감염되었다면 빨리 치료해야 해. 그러지 않으면 바이러스가 계속 퍼져서 컴퓨터가 완전히 고장 나 버리거든! 주니야, 그런데 저 천둥 번개를 없애거나 멈추게 할 백신은 없어?

나쁜 기운을 감지해서 네온등으로 알려 주는 것까진 만들었는데, 그걸 없애거나 멈추게 할 백신은 아직 못 찾았어. 왜냐고? 한꺼번에 다 해결하면 재미가 없잖아!

"음… 거니 너 오늘따라 엄청 똑똑해 보이는데."
주니가 말했어.
"지금 그게 중요해? 번개를 없앨 방법을 찾아야지!"

"돌이 되기 전에 고막이 터져서 죽을 것 같네.
 방법을 찾으려면… 번개에 대한 정보가 필요해. 정보를 모으려면…
 그래! 거니야, 네 펭귄 친구들 좀 불러 봐."
"펭귄? 갑자기 펭귄은 왜?"
"어서 방법을 찾으라며.
 펭귄들을 모두 불러와!"

나는 피리를 꺼내 들었어.
미심쩍지만 다른 방법이 없으니….
피리 소리를 들은 펭귄들이 하나둘 모여들었어.
하나, 둘, 셋, 넷…
백만 스물하나, 백만 스물둘, 백만 스물셋….

"거니야, 이제 그만! 너무 많아. 다 훈련시키려면 힘들어."
"훈련? 무슨 훈련?"

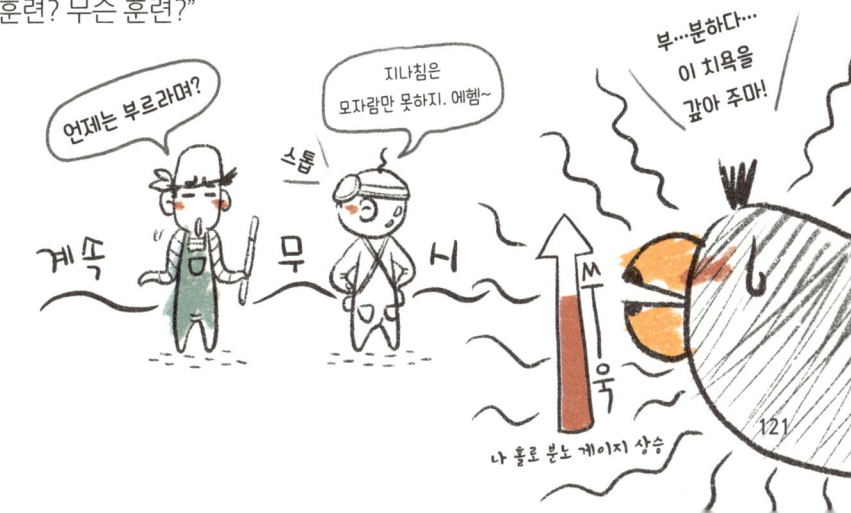

더 이상 무슨 말이 필요해. 나는 액괴 끝을 놓치고, 그대로 거대 나무줄기 아래로 아래로 떨어졌어. 어떡해, 지하 농장이 곧 보일 것 같아!

"주니, 주니야, 주~~~니~~~!"

푸~욱!
뭔가 푹신한 게 느껴졌어.
여기가 바로 천국인가?
아니야. 천국은 아직 아닐 거야.

"방방꽃?"
방방꽃이 이렇게 반가울 줄이야.
다행히 주니의 방방꽃이 아직 살아있었어.
방방꽃을 타고 나는
다시 한번 하늘로 날아올랐지.
"으아아악!"

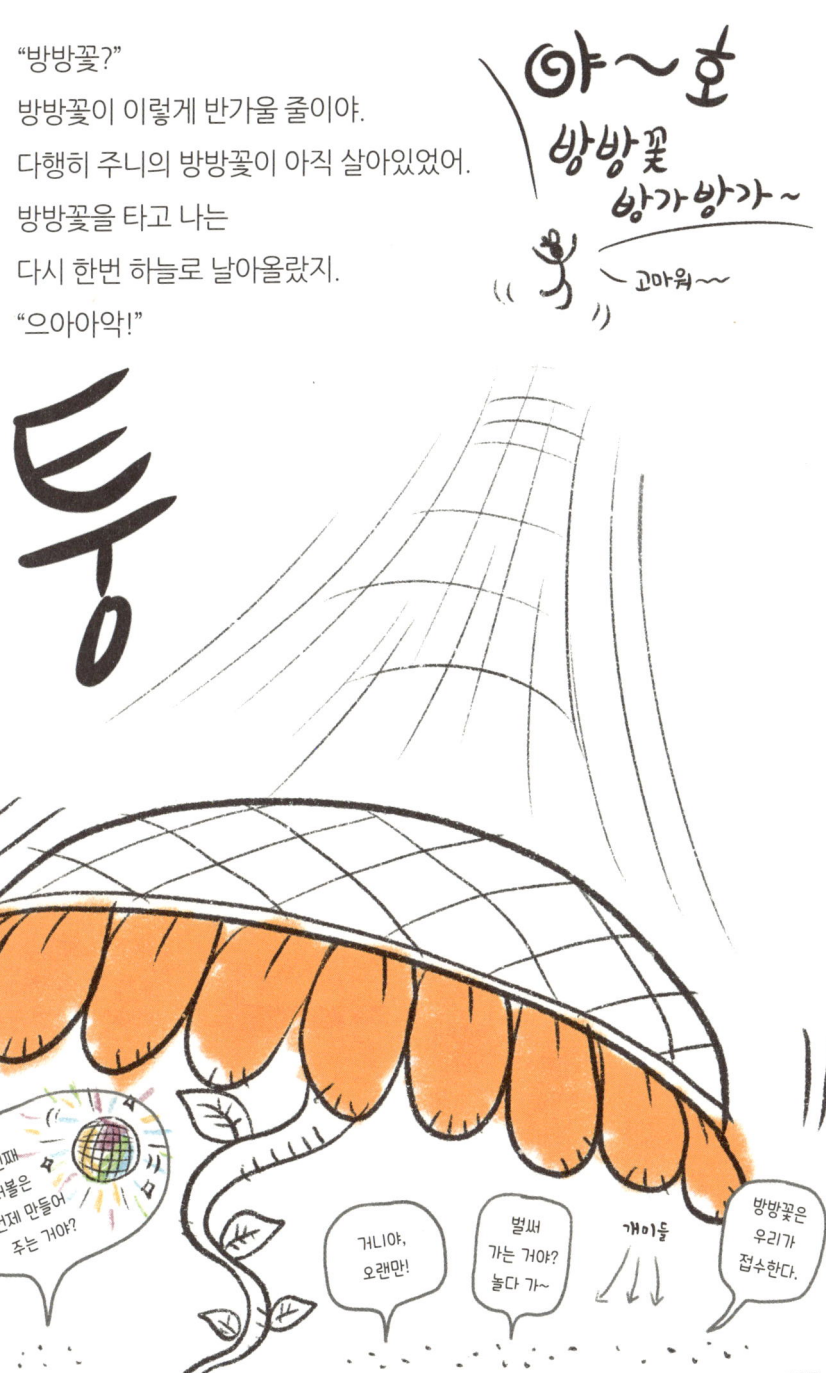

"거니야, 돌아왔네?"
"이게 다 너의 액괴와 방방꽃 때문,
아니 덕분…. 아무튼 그건 그렇고
펭귄들은 다 어디 갔어?"

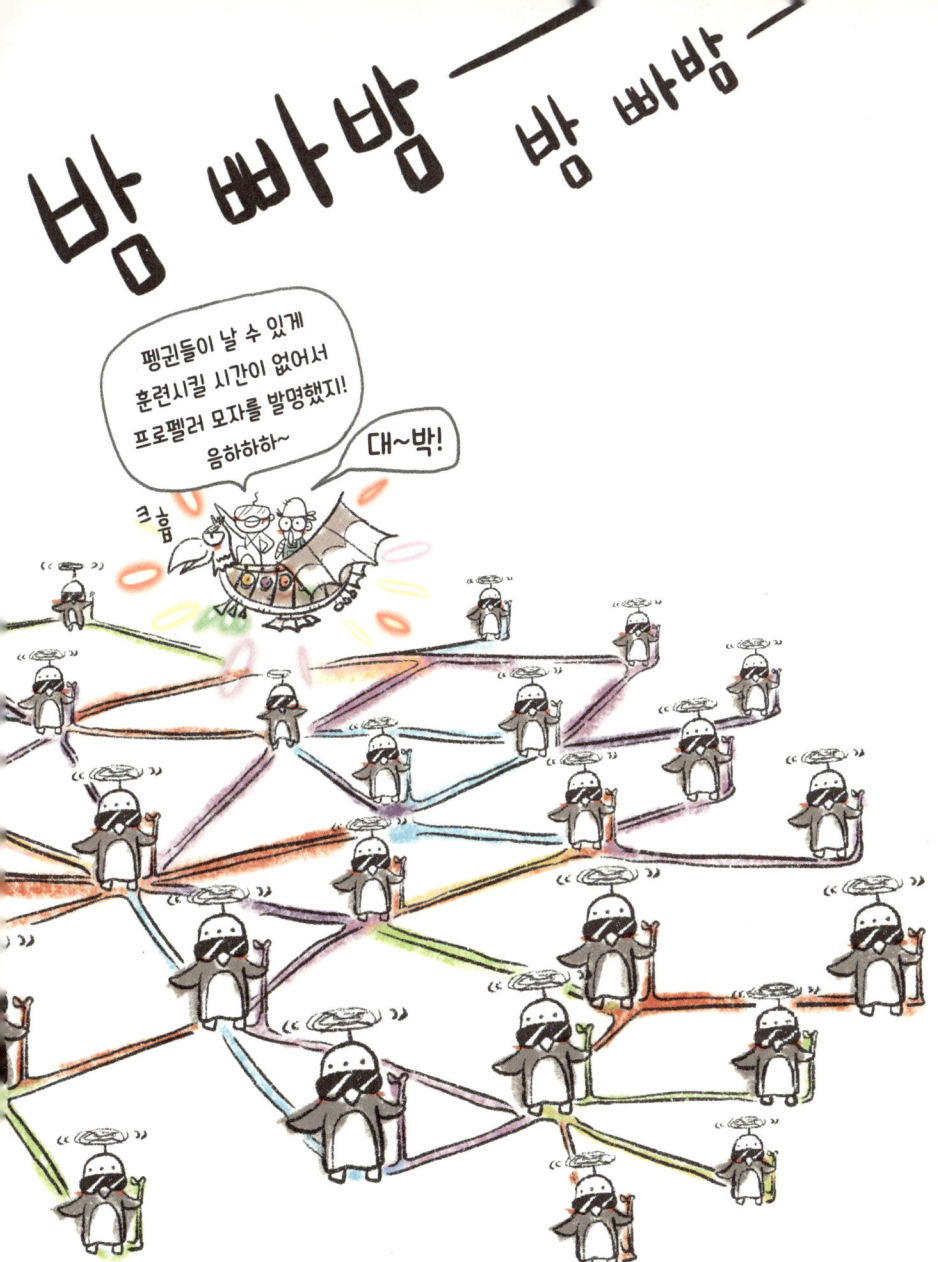

"그 사이에 사냥꾼의 발자국이 있는 번개를 찾으러 내보냈지.
곧 정보가 들어올 거야. 흐흐흐."

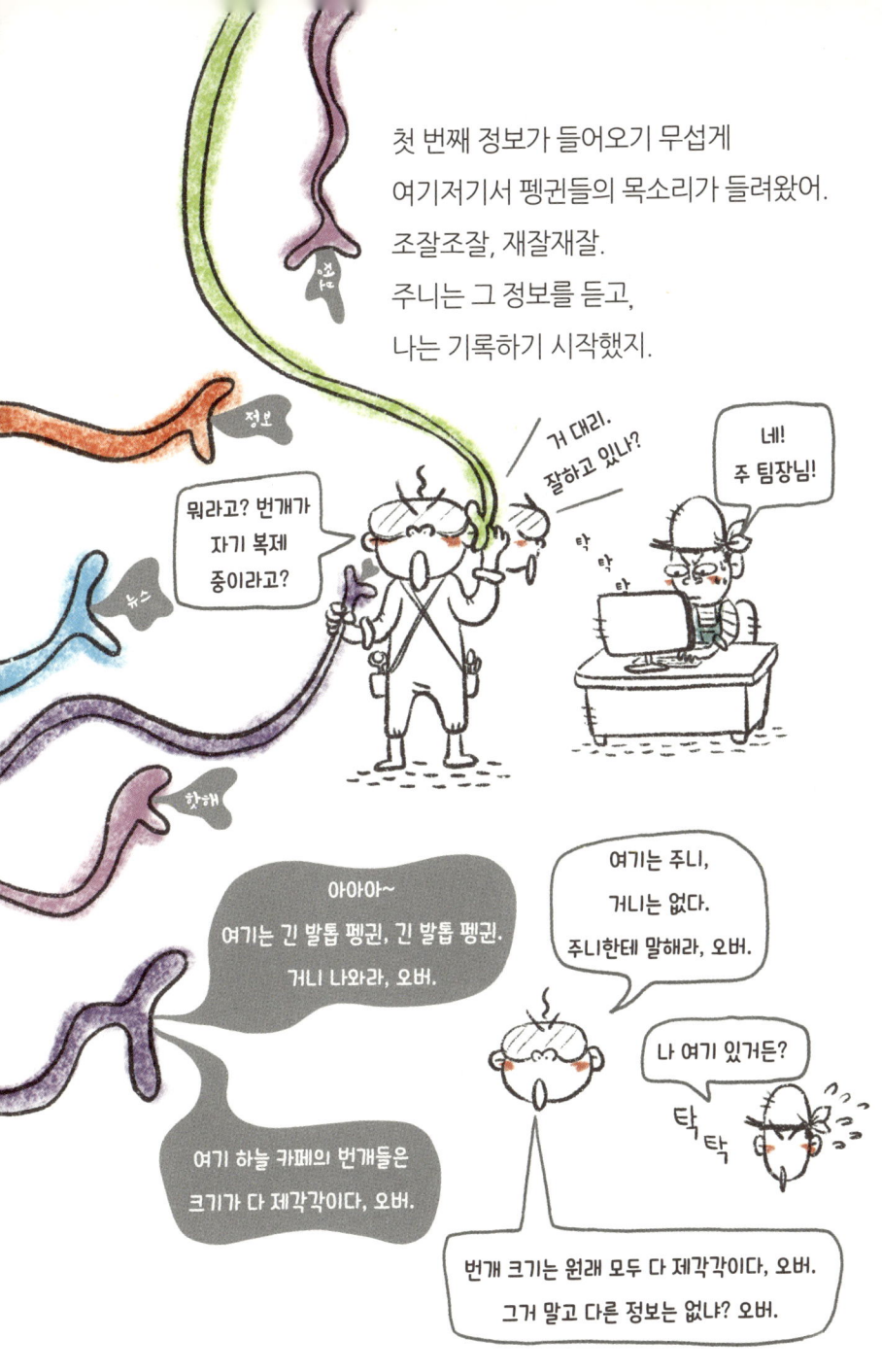

미션 7

미션 키워드 **네트워크**

펭귄 망을 만들어라!

주니와 거니는 번개에 관한 정보를 얻기 위해 펭귄들을 불러 모아 펭귄 망이라는 네트워크를 만들었어요.
펭귄 망처럼 사람과 사람을 선으로 연결해 나만의 네트워크를 만들어 보세요.

컴퓨터끼리 정보를 교환할 수 있도록 연결한 통신망을 **네트워크**라고 해. 여기서는 서로 멀리 떨어져 있는 펭귄끼리 정보를 전달하기 위한 네트워크, 즉 펭귄 망을 만들었지.

원래 네트워크란 그물처럼 얽혀 있는 조직이나 짜임새를 뜻하는 말이야. 사람끼리 연결한 것 또는 서로 연결된 체계를 모두 네트워크라고 할 수 있어. 하지만 요즘은 정보를 전달하기 위해 컴퓨터끼리 연결하는 경우가 많아서 컴퓨터 네트워크가 주로 쓰이지.

9장
반짝반짝 반딧불이

"아니, 저건 또 뭐야? 불빛이 날아오고 있어!"

"불빛이 아니야, 거니.
 아까 반딧불이 롤러장은 번개 공격을 안 받았다고 했잖아.
 넌 뭘 들은 거야?"

펭귄들이 여기저기서 알려 주는 정보를
모두 다 받아 적는다는 건… 쉽지 않았어.
그러니 놓치는 정보가 있을 수도 있지.
이럴 때 필요한 건… 말 돌리기!
"그나저나 주니야, 이렇게 정보를 모으기만 하면 뭐해?
 하늘 농장을 저 번개들로부터 구할 좋은 아이디어가 있긴 한 거야?"

"그럼! 내가 누구야. 초천재 주니님
아니겠어? 아무리 생각해도
처음 떨어진 그 번개가 수상해.
모두 그 번개 때문에 일어난 일인 것 같아.
그 번개만 없애면 나머지 번개들도
싹 사라질 거야."

"오, 그럴싸한데.
그런데 이 많은 번개 중에서
처음 떨어진 그 번개를
어떻게 찾아?
크기가 조금씩 다르긴 하지만
다 똑같이 생겼다고!"

"그건 지금부터 생각해 봐야지.
 그런데 내가 처음 그 번개를 만졌을 때 전기가 통했단 말이야.
 다른 번개들은 만지면 모두 다 돌덩이로 변하고…."
"그러니까 주니 네 말은…
 처음 떨어진 그 번개만 만져도 돌덩이가 되지 않는다는 말?"
"그렇지. 바로 그거야!"
"그런데 그 번개를 어떻게 찾아?
 만져서 전기가 통하는 번개를 찾아야 한다는 소린데…
 그걸 찾기 전에 돌덩이부터 될 것 같은데?"

"그렇지? 그래서 말인데 지금 막 좋은 생각이 떠올랐어. 후훗."
"좋은 생각? 그게 뭔데? 빨리 말해 봐!
우리까지 모두 돌덩이가 되기 전에!"

하지만 맨 처음 떨어진 번개에 닿으면 전기가 통할 테니,
불빛이 더 환해질 거야. 그걸 보면 찾을 수 있지.
아! 난 아무래도 천재가 확실해.
아인슈타인도 울고 갈 초! 천! 재!"

"자, 그럼 반딧불이들에게 작전을 지시하자.
 어서 처음 떨어진 그 번개를 찾아야지."
우리는 반딧불이들에게 작전을 설명했어. 불빛을 밝힌
반딧불이들이 곳곳으로 퍼지자, 하늘 농장 전체가
마치 크리스마스트리처럼 아름답게 반짝였어.

그럼 하나, 둘, 셋 하면 모두 번개에 몸을 닿도록 하는 거야.

하나,

둘,

셋!"

말이 떨어지기 무섭게 곳곳에서 불이 꺼지기 시작했어.
방금까지 빛을 내던 반딧불이들이 하나둘 돌덩이가 되어 갔지.

"찾았다! 저거야.
 유일하게 안 꺼지고 더 밝게 빛나는 반딧불이!
 저 번개가 맨 처음 떨어진 그 번개라고!"
깜깜한 거대 나무줄기에 단 한 줄기 빛만 남았어.
밑에 사냥꾼의 발자국이 있는
바로 그 번개였지.

미션 키워드 **이진수**

미션 8

반딧불이로 이진수를 표현하라!

맨 처음 떨어진 번개를 찾기 위해 주니와 거니는 수천 마리의 반딧불이를 하늘 농장 곳곳에 보내 동시에 번개에 닿게 했어요. 그러자 불빛이 하나둘 꺼졌고, 맨 처음 떨어진 번개에 닿은 반딧불이만 불빛을 더 환하게 밝혔어요. 0과 1 중에서 1을 반딧불이라고 생각하고 1만 노란색으로 색칠해 보세요.

0	0	1	1	0	0	1	1	0	0
0	0	1	1	0	0	1	1	0	0
0	0	1	1	0	0	1	1	0	0
0	0	1	1	0	0	1	1	0	0
0	1	1	1	1	1	1	1	1	0
1	1	1	1	1	1	1	1	1	1
1	1	1	1	1	1	1	1	1	1
1	1	0	1	1	1	1	0	1	1
1	1	1	1	0	0	1	1	1	1
0	1	1	1	1	1	1	1	1	0

컴퓨터는 논리 회로를 통해 연산, 즉 일정한 규칙에 따라 계산하는 기계야.
전기가 통하지 않을 때는 0, 전기가 통할 때는 1이라는 신호를 보내.
0과 1이라는 이진수만으로 모든 작업을 처리하지.
컴퓨터에 이진수가 얼마나 중요한 개념인지 잘 알겠지?

불빛이 꺼진 반딧불이를 0,
불빛이 켜진 반딧불이를 1이라고 생각해 봐.
이렇게 0과 1로만 이루어진 수를
이진수라고 해.
그나저나 반짝이는 반딧불이,
정말 예쁘다!

10장
하늘 배 수송 대작전

"그런데 하늘 배가 어째 점점 가라앉는 것 같지 않아?"

"그럴 거야. 지렁이 연료가 필요한데,
 지렁이가 모두 돌로 변해 버렸거든."
"그렇구나…. 뭐, 뭐라고?
 그럼 이제 곧 저 번개 속으로
 떨어진다는 거야?"

"지금 당장 연료를 보충하지 않는다면 그렇겠지?"
"주니 너 지금 그걸 말이라고 해?
 저 맨 처음 떨어진 번개를 해치우기 전에
 우리가 먼저 돌덩이가 되겠어! 빨리 방법을 찾아봐!"

"어쩔 수 없군. 내 비상식량을 꺼낼 수밖에."
주니가 주머니를 뒤적였어.
구멍 난 양말,
흠집 난 나사못,
모서리가 깨진 액자….
없는 게 없었지.

"세상에… 네 주머니는 마술 주머니야?
대체 그런 게 다 어디서 나오는 거야?"

추억의 페이지

"다 나만의 추억이 담긴 물건이라고.
이 구멍 난 양말은 내가 처음 지하 농장에서
걸어 다니는 콩줄기를
발명했을 때 신겨 줬던 거야.
그리고 이 나사못은…."

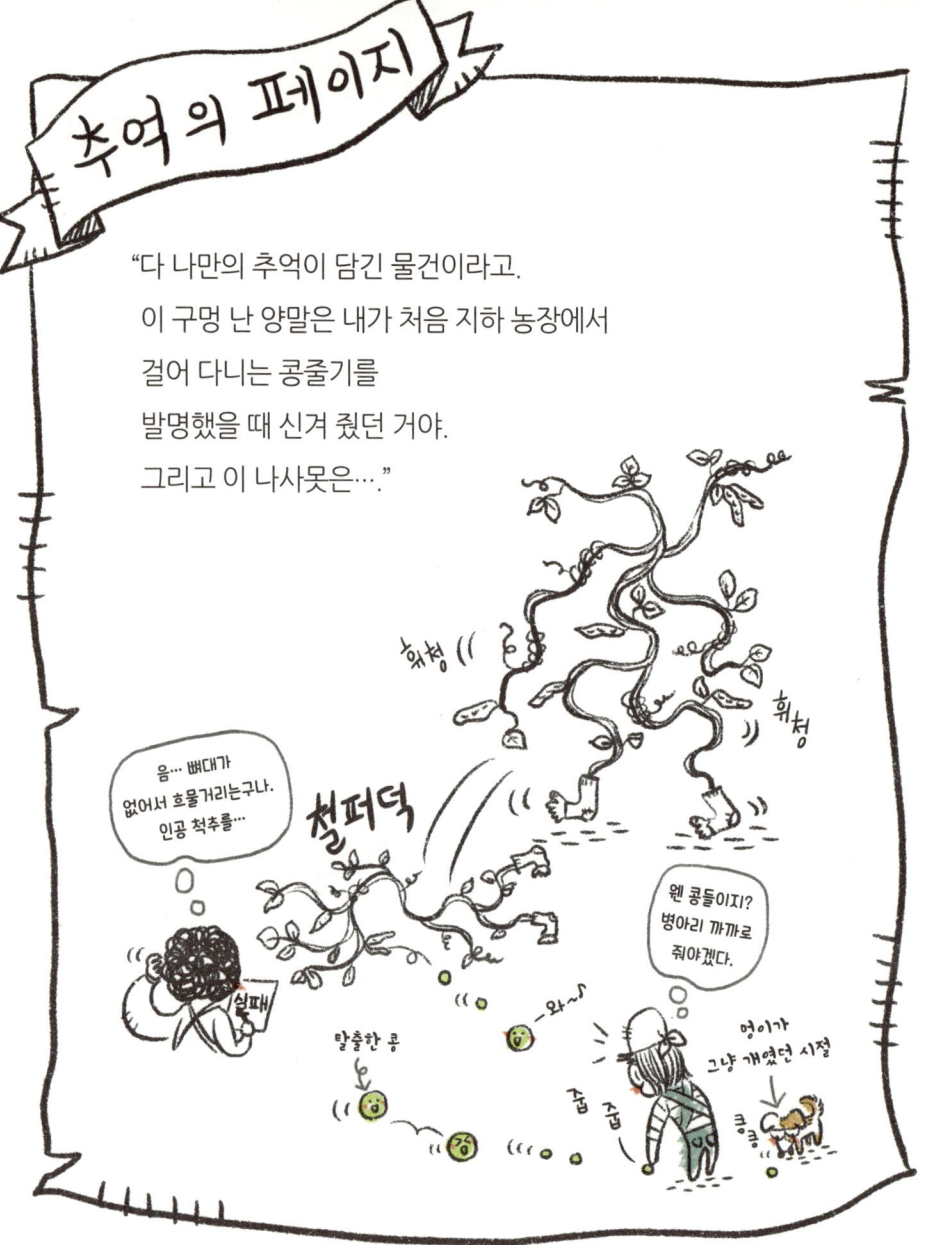

"됐어, 됐어. 나중에.
하늘 배에 줄 연료부터 찾으라고."

"여기 있다! 말린 지렁이포!
이거면 하늘 배 주차 타워까지는 갈 수 있을 거야.
거기 가면 하늘 배들이 더 있거든."

"무슨 계획인지는 모르겠지만 하늘 배에 연료 좀 빨리 줄래?
제발~ 번개와 닿기 직전이라고!"

주니가 말린 지렁이포를 낚싯줄에 매달아 독수리 부리 속에 쏘오옥 넣어 주자 하늘 배는 다시 힘을 내서 솟아올랐어.

우리는 하늘 배 주차 타워로 곧장 날아갔어.
그곳에는 주니가 발명한 하늘 배가 여러 대 있었어.
올빼미 얼굴을 한 하늘 배,
비둘기 얼굴을 한 하늘 배,
전기뱀장어 얼굴을 한 하늘 배….

"도대체 왜 동물들 얼굴로 배를 만든 거야?"
"다 이유가 있지. 이 주니 님이 하는 일에 의미 없는 것은 있을 수 없으니까! 음하하하~"
"또 왜 저래. 그래서 이유가 뭔데?"
"동물이 가진 고유한 능력을 배에 적용했거든. 우리가 지금 탄 독수리 배는 빠른 속도로 나는 것이 특징이지. 캬! 그 덕분에 지금껏 잘 날아다닌 것 아니겠어?"

"그럼 올빼미는?"
"야간 비행에 딱이지. 올빼미의 귀를 봐. 한쪽은 크고 한쪽은 작지? 그 차이를 이용해서 소리 정보를 입체적으로 구성해 방향 감각을 유지해. 캬~ 내가 만들었지만 정말 끝내준다!"

"독수리나 올빼미는 그렇다 치고
 저 전기뱀장어는 뭐야? 날지도 못하는 배를 만든 거야?"
"그럴 리가 있겠어? 저 배야말로 나의 야심작 중 야심작이라고.
 하늘을 날 뿐 아니라 바다에서는 잠수함처럼 탈 수 있지.
 그리고 이건 비밀인데, 전기를 흡수할 수 있다는 말씀!"
"그게 왜 비밀이야?"
"번개를 해치우는 데 사용할 거니까.
 물론 나도 처음부터 이걸 예상하고 만든 건 아니야.
 단지 나의 천부적인 재능이 시켰을 뿐!"

주니는 말리지 않으면 아마 온종일 자기 자랑을 할 거야. 나는 주니를 질질 끌고 전기뱀장어 배에 올라탔어. 한시가 바빴거든. 하늘 농장이 모조리 돌로 변하기 전에 멈춰야만 해!

"오, 내가 만들었지만 느낌이 미끄덩미끄덩한 게 좋은데?"
"뭐야? 네가 만들어 놓고, 아직 타 보지도 않았어?"
"그럴 시간이 없었어. 너한테 하늘 배 자랑하러 가느라고.
 그리고 거기서 그 번개를 봤으니 그럴 시간이 있었겠어?"

언제나 그렇듯 내 외침은 허무하게 사라졌어.
뱃머리는 그대로 번개를 향해 돌진했지.
"으아악!"

음… 전기뱀장어 하늘 배는 번개의 전기를 흡수했어. 그것도 아주 잘.
문제는 배에 타고 있던 우리도 함께 전기를 흡수해 버렸다는 거지.

"주…주니야, 우…우…리는 다…다른 하…하늘 배…로 가…야… 할 것 가아…타…아."

"그…그래…. 여…여기는 버…번개…만 싣…는…것으…로…."

우리는 비틀거리며
독수리 하늘 배로 옮겨 탔어.

번개는 전기뱀장어 하늘 배에 전기를 모두 빼앗기고 딱딱하게 굳어 버렸지. 그러자 다른 복제 번개들도 모두 돌덩이처럼 굳어 버렸어.

굳어 있던 반딧불이들은 다시 불빛을 반짝였고,
기린의 하프 소리와
하늘다람쥐의 트럼펫 소리가 다시
하늘 농장을 가득 채웠어.

전기뱀장어 하늘 배에는 〈처음 떨어진 번개〉를,
올빼미 하늘 배에는 〈한 뼘 작은 번개들〉을,
비둘기 하늘 배에는 〈한 뼘 큰 번개들〉을
각각 나눠 실어서 거대 나무줄기에서 멀리 떠나보내기로 했어.

주니와 나는 하늘 농장의 동물들과 힘을 합쳐
번개들을 하늘 배로 옮겼어.
〈처음 떨어진 번개〉를 실은 배에는 맨 처음 떨어진 번개 **1**개가,
〈한 뼘 작은 번개들〉을 실은 배에는 작은 번개 **100**개가,
〈한 뼘 큰 번개들〉을 실은 배에는 큰 번개 **100**개가 가득 들어찼어.

미션 9

미션 키워드 **배열과 리스트**

하늘 배에 번개를 실어라!

주니와 거니는 번개를 해치우기 위해 다음과 같이 하늘 배에 번개를 실어 날랐어요. 어떻게 실었는지 알아볼까요?

맨 처음 떨어진 번개를 1개 실었어요.

한 뼘 작은 번개를 100개 실었어요.

한 뼘 큰 번개를 100개 실었어요.

번개의 성격과 크기에 따라 하늘 배 세 척에 나눠서 담았어. 이처럼 비슷한 특성을 가진 자료끼리 묶어 놓은 집합을 컴퓨터 과학에서는 **배열**이라고 불러.

배열과 비슷한 개념으로 **리스트**라는 것도 있어. 번개의 성격과 크기에 따라 하늘 배 세 척에 나눠서 담는 원리는 같은데, 약간 다른 점이 있어. 만약 5번 번개를 뺐을 때 6번 번개가 5번 번개 자리로 가서 번개가 총 99개가 되면 **리스트**라고 하고, 5번 번개 자리를 비운 채로 총 100개의 번개가 자리를 그대로 유지하면 **배열**이라고 해. 어렵다고? 그럼 아래 그림을 다시 한번 봐!

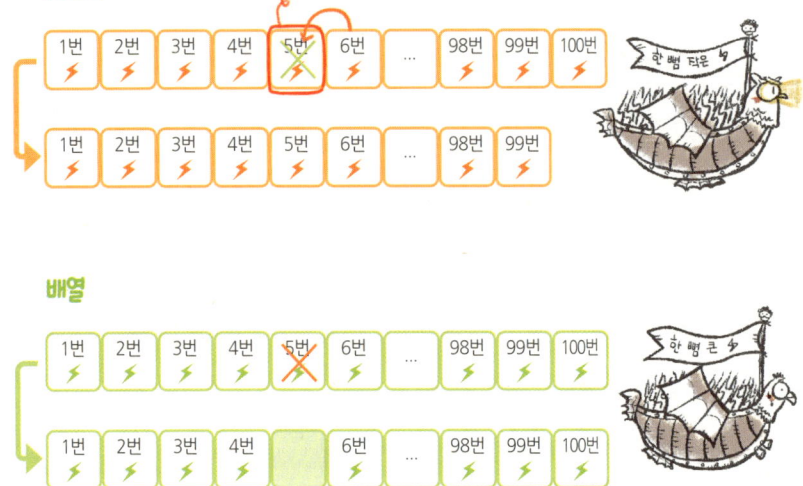

11장
최후의 공격

주니와 나는 저 멀리 훨훨 날아가는
하늘 배 세 척을 바라보았어.
지하 농장의 사냥새에 비하면 이 정도야… 식은 죽 먹기…

가 아니군. 역시 사람은 입을 함부로 놀리면 안 돼.
"푸아~앙!"

처음 떨어진 번개를 실은 하늘 배가 번쩍이더니.
한 뼘 작은 번개들을 실은 하늘 배도,
한 뼘 큰 번개들을 실은 하늘 배도 들썩이기 시작했어.

"주니야, 지금 이거 무슨 상황이지?"
"무슨 상황이긴… 번개가 다시 살아났다는 뜻이지."

"지금 그렇게 한가한 소리를 할 때가 아닐 텐데?"
"흠… 안되겠다.
 내 만능 컨트롤러를 꺼내야겠어."

주니는 아까 말린 지렁이포를 찾아낸 주머니를
또다시 뒤졌어.
하늘다람쥐의 트럼펫을 닦는 수건,
기린이 즐겨 보는 전신 거울….

"찾았다! 이것만 있으면 액괴 요요를 마음대로 조종할 수 있어."
"갑자기 액괴 요요라니. 지금 요요를 가지고 놀 때야?
번개가 다시 하늘 농장을 공격할 거라고!"

"잘 봐. 여기 만능 컨트롤러 화면에 눈금이 보이지?
 이걸 하늘에 대고,
  번개를 실은 하늘 배의 위치값을 입력하면…. 흐흐흐~"
"어떻게 되는데?"
"보면 알지. 흐흐흐흐흐."
"주니야, 도대체 뭔 소리야?"

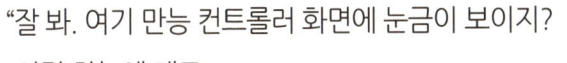

그래, 무슨 말이 필요해. 그냥 보면 되지.

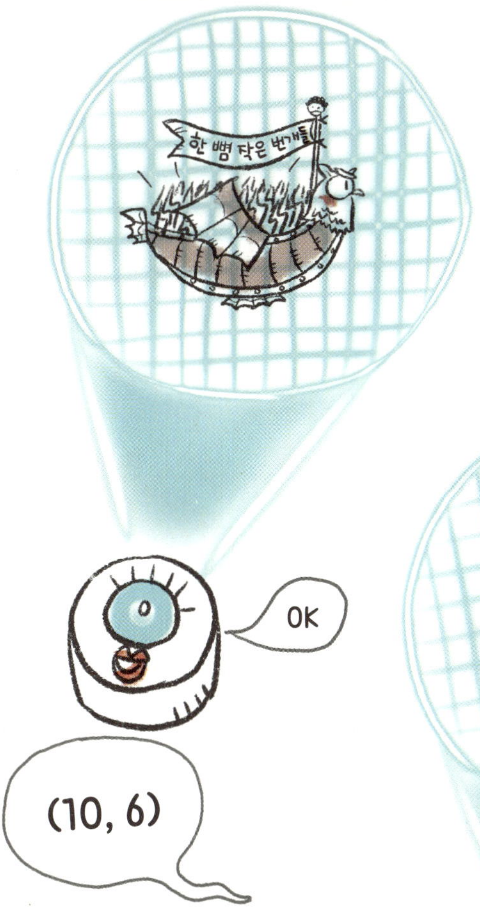

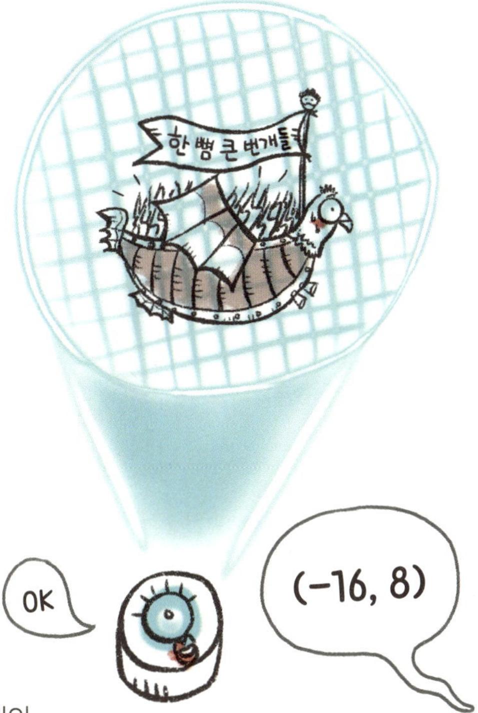

주니가 만능 컨트롤러에
처음 떨어진 번개를 실은 하늘 배와
한 뼘 큰 번개들을 실은 하늘 배,
한 뼘 작은 번개들을 실은 하늘 배의
위치값을 각각 지정했어.
그리고 '실행'이라고 명령했지.

무슨 일이 일어났느냐고? 그냥 봐.

미션 10

미션 키워드 **좌표**

하늘 배의 좌표를 찾아라!

번개들이 다시 살아나자, 주니는 하늘 배를 만능 컨트롤러로 멀리 날려 버리려고 했어요. 그러려면 먼저 하늘 배의 위치를 찾아야 해요. 하늘 배가 어디에 있는지 좌표로 말해 볼까요?

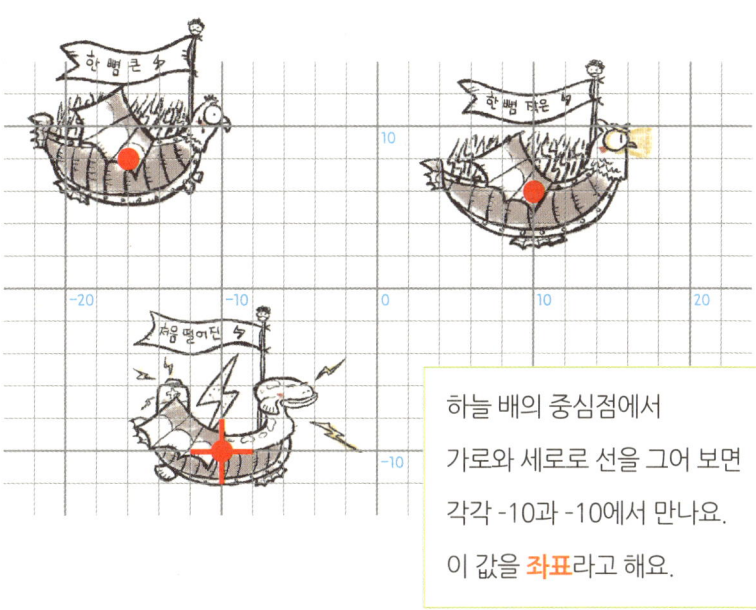

하늘 배의 중심점에서 가로와 세로로 선을 그어 보면 각각 -10과 -10에서 만나요. 이 값을 **좌표**라고 해요.

전기뱀장어 하늘 배의 좌표는?　(**-10** , **-10**)

올빼미 하늘 배의 좌표는?　　　(　　 ,　　)

비둘기 하늘 배의 좌표는?　　　(　　 ,　　)

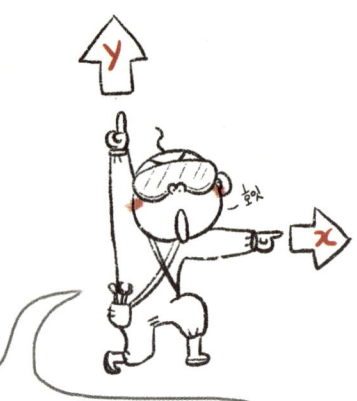

특정한 위치를 나타내기 위해
X축의 값과 Y축의 값으로 표현한 한 쌍의 값을 **좌표**라고 해.
(0, 0)을 기준으로 한다는 게 중요해!
가로축인 X축의 경우 왼쪽을 음수 값으로, 오른쪽을 양수 값으로 나타내.
반대로 세로축인 Y축의 경우 아래쪽을 음수 값으로, 위쪽을 양수 값으로 나타내지.

좌표는 17세기 프랑스의 수학자 데카르트가 처음 발견했대.
어느 날 천장에 파리가 붙어 있는 것을 보았는데,
'파리의 위치를 누구나 알 수 있게 나타내는 방법이 없을까?' 하고
고민하다가 만든 것이 바로 좌표래.
천장을 가로줄과 세로줄로 나눠서
파리의 위치를 표시하기로 한 거지.

12장
사냥꾼은 어디에?

"휴, 이제 끝났다. 그런데 뭐지? 예전에도 이런 기분이 들었던 것 같은 이 느낌적인 느낌은?"

"음… 저번에도 그랬지만 도저히 이해가 안 돼."
"도대체 뭐가 또 이해가 안 된다는 거야?
그러고 보니 이 질문도 똑같이 한 것 같은데.
아무튼 번개도 없어졌고, 이제 하늘 농장을
다시 잘 가꾸기만 하면 된다고."

그래, 주니는 역시 주니야. 내 말을 들을 리 없지.
주니는 맨 처음 번개가 떨어진 곳을 계속 빙글빙글 돌았어.
맙소사! 또 설마 거대 나무줄기가 있는 건 아니겠지?
그래, 그럴 리가 없잖아. 여기가 하늘인데!

"왜 하필 거대 나무줄기 위에 번개가 떨어졌을까?
보통 번개는 땅으로 떨어지는데 말이야.
여기 좀 봐. 번개가 내려꽂힌 자리에
사냥꾼의 발자국도 여전히 남아 있어."
"음… 사냥꾼의 발자국이 남아 있는 건 나도
이상하긴 한데…. 주니야, 그냥 넘어가면 안 될까?"

"노노, 난 알아야겠어.
이것보다 더 재미있는 건 지금 없거든!"
"너 그 말 1권 지하 농장에서도 했거든!"

주니는 맨 처음 번개가 떨어진 자리,
그러니까 사냥꾼의 발자국이 있는 주변을 킁킁댔어.
이미 잘 알겠지만 주니를 말린 순 없어.
그냥 이번엔 제발 저 발자국 끝에
거대 나무줄기 같은 게 없길 바랄 뿐!
제발~

"흠… 발자국이 흐릿하긴 하지만
군데군데 남아 있어.
여기까지 발자국이 이어지는 것 같은데…."

"응? 저게 뭐지?"
주니가 눈을 반짝였어.
아… 왜 불길한 예감은 틀리는 적이 없을까?

"거니야, 너도 궁금하지?"

"아니, 전혀, 절대로, 난 안 궁금해!"

"궁금하면서. 흐흐흐~ 뭔가 있는 게 틀림없어.
 그게 뭔지는 몰라도! 이 하늘 농장보다 훨씬 더 재미있을 거야."

"아니야, 주니! 절대로 전혀 그렇지 않아.
 하늘 농장보다 지하 농장이 훨씬 더 재미있었다고.
 원래 1권이 제일 재미있는 거야.
 주니, 주니야~"

작가의 말

코딩과학동화 《팜》이 하늘 농장으로 돌아왔습니다. 사냥꾼이 남겨 놓은 흔적을 따라 도착한 하늘 정원, 아니 하늘 농장에는 지하 농장과는 또 다른 재미가 곳곳에 숨어 있습니다. 하늘 농장에서도 끊임없이 발명 본능을 발휘하는 발명왕 주니와 주니가 벌여 놓은 일들을 수습하면서 하늘 농장을 멋지게 가꾸는 거니! 그리고 쌍둥이 앞에 벌어지는 알 수 없는 사건들! 과연 주니와 거니는 하늘 농장에서 사냥꾼의 정체를 밝힐 수 있을까요?

하늘 농장에 들어서자마자 주니와 거니를 맞아 준 구름 폭탄은 물론, 태양과 같이 커지고 작아지는 태양 가림막 우산, 각기 다른 능력을 가진 하늘 위 히어로 배벤져스의 활약, 말캉말캉 액괴 요요와 통통이까지 없는 게 없는 액괴 놀이방, 이 모든 장치들이 어린이 친구들의 상상력과 호기심을 자극하지요. 단순히 상상력과 호기심을 자극하기만 하느냐면, 그렇지 않아요. 하늘 농장을 파괴하는 정체불명의 바이러스 번개를 몰아내는 과정에서 자연스럽게 컴퓨터 과학의 중요한 개념과 원리를 알려 줍니다.

여기서 끝이냐고요? 그럴 리가요. 아직 사냥꾼의 정체를 밝히지 못했는걸요. 사냥꾼의 흔적을 따라 새 떼 다리를 건너면 또 다른 세계인 우주 농장이 나타납니다. 거대한 우주 농장은 데이터 센터인 장미 행성을 중심으로 9개의 행성이 마치 한 몸처럼 연결되어 있지요. 이곳에서 주니와 거니는 새로운 캐릭터인 우주 사냥꾼들을 만나게 됩니다. 혹시 우주 사냥꾼들 중에 거니와 주니를 위험에 빠트린 그 사냥꾼이 숨어 있는 건 아닐까요? 우주 농장에서도 지하 농장, 하늘 농장과는 또 다른 흥미진진한 에피소드들이 주니와 거니를 기다립니다. 자! 그럼 주니, 거니와 함께 신나는 컴퓨터 과학의 세계, 코딩의 세계로 여행을 계속할까요?

글쓴이 **홍지연**

"2권은 대체 언제 나와요?"

《팜 1: 지하 농장》이 나오고 나서 제일 많이 받은 질문이에요. 여러분, 많이 기다리셨나요? 지하 농장에서 사냥새와 한바탕 난리를 치고 멋지게 사건을 해결한 주니와 거니 그리고 멍이는 거대 나무줄기를 타고 높이높이 올라가요. 그리고 마침내 도착한 곳은 바로 하늘 정원이었어요!

하늘에 이런 멋진 곳이 있다니! 주니와 거니는 누군가 버리고 간 것 같은 하늘 정원을 하늘 농장으로 멋지게 바꿔 놓아요. 동물 친구들을 불러와서 마을도 만들어 주고, 이글이글 타오르는 뜨거운 태양은 센서 우산으로 가리며 시끌시끌하고 바쁜 나날들을 보내지요. 그러면 이렇게 주니와 거니가 하늘 농장에서 행복하게 잘 사는 걸로 이야기가 끝날까요?

아니죠. 주니와 거니가 가는 곳엔 언제나 사건 사고가 따라다니니까요. 어느 날 갑자기 떨어진 번개로 하늘 농장이 홀딱 뒤집히지만, 주니와 거니는 과학과 코딩을 적용하여 문제를 척척 해결해 나갑니다. 정말 초천재가 아닐까 하는 생각이 들 정도로 기발하고 엉뚱한 쌍둥이 형제들을 그리면서, 저는 때로는 낄낄대며 웃고 때로는 설레었어요. 그래서 참지 못하고 살짝살짝 등장하기도 했답니다(어디에 나오는지 잘 찾아보세요).

그나저나 주니와 거니를 어디로 데려가려고 어마어마한 새 떼가 등장했을까요? 주니는 무섭지도 않은지 성큼성큼 새 떼 다리를 건너요. 걱정 많은 거니도 조심조심 길을 떠납니다. 멍이도 당연히 빠지지 않죠! 우리도 망설이지 말고 따라가 보아요. 벌써 이런 질문이 들리는 것 같네요.

"3권은 대체 언제 나와요?"

그림 **지문**

글쓴이 **홍지연**

초등컴퓨팅교사협회 연구개발팀장이며, 초등학교 교사로 재직 중입니다. 한국교원대학교 초등컴퓨터교육 대학원 박사 과정을 수료했으며, 교육부 및 과학기술정보통신부 SW 교육 강사이자 교육부 SW 교육 원격연수 강사, EBS 이솦 SW 교육 강사 등을 맡고 있습니다. 《한 권으로 배우는 초등 SW교육》, 《이야기와 게임으로 배우는 스크래치》, 《학교 수업이 즐거운 엔트리 코딩》, 《WHY? 코딩 워크북 시리즈》, 《언플러그드 놀이책 시리즈 1~3권》, 《소프트웨어 수업백과》, 《즐거운 메이커 놀이 활동 1-2권》, 《호시탐탐 코딩 시리즈》 등을 썼습니다.

그림 **지문**

건국대학교에서 역사를 공부하며 느낀 세상의 이야기들을 재밌는 그림으로 전하고 있습니다. 현재 한국어린이그림책연구회회원이며, 강남구립어린이도서관에서 어린이 친구들과 직접 만나 소통하고 있습니다. 재미있게 그린 책으로 《우리 집에 전기 흡혈귀가 산다》, 《꼬물꼬물 꿈틀꿈틀 우리 집에 벌레가 산다?!》, 《출동 완료! 쌍둥이 탐정》, 《송이의 비밀 노트: 아낌없이 주는 식물》, 《역사가 숨어 있는 한글가온길 한 바퀴》, 《목화, 너도나도 입지만 너무나도 몰라요!》 등이 있습니다.

1권을 읽은 독자들의 리얼 한줄평!

아이가 참 재밌어 해요. 가독성도 굿굿! (alw**** 님)

초1 아들이 배송 후 이틀 동안 세 번을 읽었습니다. (mj1**** 님)

그림도 정말 재미있고 정말 높은 퀄리티의 학습 만화 같습니다. (son**** 님)

추천만큼 엄청 재밌네요. 코딩 입문서로 추천! (mix**** 님)

7살 아이도 재미있게 읽었어요! 2권은 언제 나올까요? (coo**** 님)

생활 발명에 대한 아이들의 상상력을 끌어내기에 좋아요. (nu*** 님)

책이 오자마자 큰 관심 보이면서 재밌다고 읽어 내려갑니다. (yəg*** 님)

2권 언제 나올까요? 예비 초1 딸 대신 기대평 올려봅니다. (mih*** 님)

보고 또 보고 택배 받은 날 손에서 놓질 않았어요! (oce*** 님)